Es ist ein armes Kind,
unser Herz.

Es möchte leben und darf nicht.
Es möchte sich ausstrecken und hört:
Bleib schön bescheiden.
Es möchte singen und hört:
Sei still.
Es möchte sich freuen
und muss sich sagen lassen:
Das Leben ist mühsam.
Für Freude ist kein Raum.
Es möchte lieben und hört:
Später! Vielleicht.

Es ist ein armes Kind.
Es weint und niemand mag es hören.
Am Ende gibt es auf,
statt zu leben.

Wenn wir vom Herzen reden,
meinen wir nicht das innere Organ,
genannt Herz,
das unseren Körper durchpulst.

Wir meinen die Mitte, aus der wir leben.
Die Kräfte unserer Seele,
die Liebesfähigkeit in uns, die Lebendigkeit.
Den ganzen Menschen meinen wir,
Leib und Seele und Geist,
den ganzen Körper zusammen.

Wir nennen „Herz", was in uns lebt,
was sich in uns nach etwas sehnt,
was vertrauen möchte, sich hingeben,
was in uns etwas Schönes schaffen will.
Was sich erheben möchte,
aufrichten wie ein Baum.

Alle Kräfte unserer Seele,
ob sie uns bewusst sind oder unbewusst,
nennen wir das Herz.
Der Einfachheit wegen.

Jesus sagt:
„Schaut euch an, wie eine Quelle strömt.
Ich gebe euch Wasser und wer es aufnimmt,
wird selbst zu einer lebendigen Quelle."

Das Herz wird lebendig,
wenn das schöpferische, Leben schaffende Wort
durch das Herz geht.
Wenn diese Quelle einmal anfängt zu sprudeln,
dann beginnt das, was Jesus das ewige Leben nennt
– das Leben, das nicht irgendwann später kommt,
sondern schon jetzt in uns beginnen will:
das Leben aus Gott.

Ein lebendiges Herz ist ein Herz,
in das etwas eingeht und von dem etwas ausgeht.
Es ist ein von Gott durchpulstes Herz.
Und dieses Herz,
das von Gott durchströmt wird,
schaut Gott.

Jesus sagt einmal ein erstaunliches Wort.
Er sagt: „Glücklich die reinen Herzen,
sie werden Gott schauen"
– oder wahrscheinlich genauer: Sie schauen Gott!
Noch einmal: Sie schauen – und zwar schauen sie
nicht weniger als Gott selbst,
den fernen, unsichtbaren, fremden Gott.

Damit wären viele schwere Fragen beantwortet, die man
an Gott richten möchte, und alles wäre sehr einfach:
Unser Herz muss nur rein sein,
dann lösen sich alle Probleme, lichtet sich alle Dunkelheit.

Aber was sehen wir dann?
Oder ist das Herz doch nicht ganz so rein,
wie es manchmal behauptet?

Glücklich die reinen Herzen.
Sie schauen Gott. Aber was ist ein reines Herz?

Als Kinder haben wir vielleicht einmal gebetet:
„Ich bin klein, mein Herz ist rein" – und wussten doch schon als Kinder, dass unser Herz keineswegs rein war.

Rein ist für uns normalerweise so viel wie gereinigt.
Sauber oder mehr.
Wie in der Waschmittelwerbung die Wäsche
rein und nicht nur sauber sein soll.
Rein ist offenbar eine Steigerung von sauber.

„Mach dein Herz rein", das heißt für Christen oft so viel wie:
Übertritt die Gebote nicht. Sei enthaltsam.
Sei gehorsam. Meide das Böse.

Über diese Art Reinheit
hat aber schon Jesus gespottet.

Er erzählt einmal von einem Menschen,
der das Haus seiner Seele rein fegte bis in die letzten Winkel
und alle bösen Gedanken austrieb,
wie man dunkle Geister austreibt.

Und als dann einer der vertriebenen Geister vorbeikam
und das schön gesäuberte, leere Haus sah,
da sagte er: Wunderbar! Hier ist Platz!
Er holte sieben andere Geister und brachte sie in das Haus.
Und der Mensch wurde voll mit allen Arten von Bosheit
und mit allen Teufeleien.

„Nein“, sagt Jesus, „das ist ein Missverständnis.
Rein und sauber ist nicht dasselbe.
Wenn du dein Herz ausfegst,
hast du am Ende ein leeres Herz
und das leere Herz füllt sich alsbald
wieder mit allem, was du ausgefegt hast.“

Er sagt ein andermal: „Ihr seid rein.“
Und er sagt als Begründung: Rein seid ihr,
weil mein Wort durch euch hindurchgegangen ist.
Es kommt darauf an, dass Leben,
dass Kraft, dass Wärme in euer Herz kommt.
Ein reines Herz also hat der lebendige,
der warme, durchströmte, wache Mensch.

Einer, der das gesehen hat, singt im Psalm 92:

Schön und köstlich ist es, dir zu danken,
dich mit Liedern zu preisen, du Höchster.
Des Morgens deine Gnade zu rühmen
und des Nachts deine Wahrheit
auf dem Psalter von zehn Saiten,
mit Spielen auf der Harfe.
Du machst mich fröhlich durch dein Walten
und ich rühme, was du an mir tust.
Wie geheimnisreich ist dein Wirken,
wie tief sind deine Gedanken!

Wer in dir lebt, grünt wie ein Palmbaum.
Er wächst wie eine Zeder auf dem Libanon.
Wenn wir vor dir stehen,
eingepflanzt in deine Gegenwart,
grünen wir wie die Bäume,
die vor deinem Tempel stehen.
Noch im Alter tragen wir Frucht,
bleiben kräftig und frisch.
Wir künden von deiner Güte
und deiner Verlässlichkeit.
Du bist der Grund, auf dem wir stehen,
du bist die Erde, in der wir wurzeln.
Schön und köstlich ist es, dir zu danken, o Gott.

Das reine Herz ist das liebende Herz.
Wer liebt, will schauen.
Der Liebende hat Augen,
die den Geliebten wahrnehmen,
wie er ist, wie er sein möchte,
wie er werden kann.

Wenn das liebende Herz Gott schaut,
so schaut es nicht,
wie er im Himmel in einem Thronsaal
auf einem goldenen Stuhl sitzt.
Sondern in den Menschen sieht es ihn,
in den fragwürdigen, den krummen,
trotz allem, und kann sie lieben.

Es schaut ihn in seinem Tun im eigenen Schicksal,
dem unverständlichen, dem schweren,
trotz allem, und kann es annehmen
und vielleicht ein wenig lieben.

Wenn Jesus sagt: „Glücklich die reinen Herzen“,
dann spricht er nicht von der weißen Weste,
von der Korrektheit oder Unbescholtenheit
sittenstrenger Leute oder solcher,
die Sittenstrenge nur fordern.
Denn Jesus brachte nicht eine Moral,
sondern eine Hoffnung.
Das reine Herz ist nach Jesus daran kenntlich,
dass es in die Zukunft schaut
und die Zukunft zum Maß nimmt für das,
was es heute tut.
Das reine ist das unbefrachtete Herz,
das sich der Zukunft zuwendet, von der Jesus spricht,
das frei ist von anderen Absichten.
Es erwartet alles von Gott. Es verlässt sich auf ihn.
Es schaut auf ihn.

Das reine ist das getröstete Herz.
Es gewinnt seine Zuversicht
nicht aus den Verhältnissen, die es sieht,
nicht aus der Lage des Landes oder der Kirche.
Denn aus dem Zustand dieser Welt
ist niemals Hoffnung zu gewinnen.
Nie wird der Blick für die Zukunft frei
dadurch, dass einer in die Wirren seiner Zeit starrt
oder sich an Illusionen klammert,
wie sie ihm seine Umgebung anbietet.
Wer an dem, was vor Augen liegt, ablesen will,
wie viel Hoffnung ein nüchterner Mensch
sich leisten kann,
verliert das Werk Gottes aus dem Auge.
Wer aus Gott und mit Gott leben will,
kann es nur als ein Hoffender tun.

Wenn wir dann auf einen Tag zurückblicken,
werden wir Frieden finden
angesichts all dessen, was geschehen ist,
und werden sagen können:

Dir, Gott des Friedens, zugewandt
lass uns den Tag erfüllen.
Das Herz, das nun die Stille fand,
in dir zu ruhn,
ist eins mit deinem Willen.

Wir stehn vor deinem Angesicht.
Wir gehen leise Schritte.
Und wenn wir kreisen um dein Licht,
wie Monde tun,
sei du selbst unsre Mitte.

Unser Herz wird blühen
am nächsten Tag.

Wer also seinen Willen einsetzen will
oder seinen Verstand,
um von Gott etwas zu erfahren, der greift zu kurz.
„Es ist das Herz, das Gott wahrnimmt, nicht der Kopf",
sagt Blaise Pascal, der große französische Philosoph.

Der Mensch ist eins, meint er, und seine Mitte ist,
so unzulänglich das Bild sein mag, das,
was wir sein „Herz" nennen.
Das göttliche Wort wendet sich an den ganzen,
zum Vernehmen und Begreifen fähigen,
lebenden, liebenden Menschen.
Und nur was vom ganzen Menschen
„vernommen" wurde, ist „vernünftig" zu nennen.

Hier herrscht viel Verwirrung,
denn gerade heute
wird viel vom Herzen geredet.

Aber es wird verwechselt
mit einem Wirrwarr von Wünschen,
von Trieben und Hoffnungen,
Enttäuschungen und Begierden,
in denen kein Maß mehr gilt
und wo Wahnvorstellungen und Zwangshandlungen
seltsam unverbunden neben der scheinbar glasklaren Welt
von Wissenschaft und Technik stehen,
von Planung und Organisation,
und in alldem ihr undurchsichtiges Spiel treiben.

Das Herz, von dem die Bibel spricht,
ist im guten Fall aber das Herz des klaren,
jedenfalls zur Klarheit fähigen Menschen,
der weiß, wem er vertraut, und sich in seiner Welt
mit offenem Ohr und sehendem Auge
zu orientieren vermag.

Ein solcher Mensch wird entdecken,
dass das wünschende, zerfahrene,
wie der Prophet Jeremia sagt,
„trotzige und verzagte Ding“,
das er sein Herz nennt,
zur Wandlung fähig ist,
dass ihm Klarheit und Freiheit zugedacht sind.

Er wird feststellen,
dass er wagen darf zu stehen,
auch wo nach menschlichem Ermessen
kein Stehen möglich ist,
wie bei diesem Fels, der seit Jahrtausenden so steht.

Wer sein Herz diesem Wagnis öffnet,
wird feststellen, dass es sich bewährt.

Denn das „Herz“ schaut anders in die Welt
als der bloße Verstand:
offener, ehrfürchtiger, aufnahmebereiter.
Es tut den Dingen keine Gewalt an.
Es verbindet die Offenheit des Kindes
mit der Weisheit des Alters.

Wo das Herz seinen Blick hinwendet,
finden Dinge und Menschen ihre eigene Freiheit.
Es nimmt sie sozusagen „in beide Hände“
– auch das an ihnen, was nicht stimmig ist,
auch ihr Leid, ihre Angst, ihre Gefährdungen.

Auf diese Weise kann das Herz in unserer Welt,
wie sie nun einmal ist, kaum herrschen,
wohl aber erlösend wirken,
entlastend, ermutigend, befreiend und heilend.

Wenn wir Jesus zusehen,
verstehen wir, was es heißt,
mit dem Herzen zu erkennen
und mit dem Herzen zu handeln.

Wir können es auch an der Weise erkennen,
wie ein Mensch spricht:
Stille, Friede und selbstverständliche Klarheit der Sprache
sind Zeichen dafür, dass das Herz zumindest mitspricht.

Auch umgekehrt gibt es ein sicheres Merkmal für Menschen,
die noch nicht mit dem Herzen zu sprechen vermögen:
Es ist ihr Bedürfnis, recht zu haben.
Wenn uns Menschen begegnen,
die unbedingt recht haben wollen,
sollten wir deshalb nicht versuchen, sie zu widerlegen,
sondern uns fragen, was ihnen wohl fehlt,
wenn sie sich durch Rechthaben entschädigen müssen.

Jesus spricht anders. Er sagt:
„Du bist eine Rebe an einem Weinstock.
Lass die Säfte strömen, dann lebst du,
dann wächst etwas aus dir. Die nötigen Kräfte
hast du nicht in der Hand,
sie fließen durch dich hindurch.“

Ein reines Herz, das Gott schaut, wird spüren:
Wer in der Welt erwartet, Gott zu begegnen
und ihn zu hören in allen Dingen, der wird erkennen:
Was das Leben hell macht und leicht,
das ist Spiegel und Gleichnis Gottes.

Was also will Jesus sagen? Dies etwa:
Glücklich sind, die hoffen können, bis Frucht wächst,
die der schaffenden Kraft Gottes vertrauen
und keiner Gewalt bedürfen.

Glücklich sind, die nach Gerechtigkeit hungert.
Sie werden denen Gerechtigkeit schaffen,
die das Brot suchen und die Freiheit.

Glücklich sind, die die Wehrlosen hüten,
die ein Ohr haben für die wortlose Klage,
eine Hand für die hilflose Schwäche.

Glücklich sind, die Frieden schaffen,
die den Streit lösen
und nicht ausschauen nach irgendeinem Sieg.

Glücklich sind die reinen Herzen.
Rein ist ein Herz,
das sich nicht mehr fürchtet
vor Befleckung oder davor,
sich am Elend der Menschen,
an ihrer Krankheit und ihrem Leiden
die Hände schmutzig zu machen.

Ein reines Herz wird Gott schauen dort,
wo es ihn nicht gesucht hat.
Es schaut sein Licht eben dort,
wo Gott verborgen ist.
Es schaut Gott in der Dunkelheit.

Es findet das Glück im Lieben
des Nicht-Liebenswerten.

Das reine Herz spiegelt Wahrheit.
Es dient der Wahrheit,
aber so gewiss Christus die Wahrheit ist,
so gewiss wird es der Wahrheit nicht dienen können,
indem es für sie streitet.
Wer für die Wahrheit eintritt, die Christus heißt,
hat keinen Feind. Wer noch streitet,
lebt nicht aus dem Evangelium.

Wahrheit ist ein Licht.
Sie leuchtet durch die Menschen hindurch
wie die Sonne durch ein Blatt an einem Baum.

Wahrheit ist kein Knüppel.
Mit ihr schlägt man nicht zu.

Wahrheit macht frei.
Sie fesselt nicht und sie engt nicht ein.

Wahrheit nimmt Lasten ab.
Wer anderen Lasten zumutet,
auferlegt ihnen Zumutungen von Menschen.

Wahrheit ist, wo lebendige Herzen sind,
wo der Horizont weit ist und frei,
wo das Leid gesehen wird und die Angst sich löst.

Wahrheit ist keine Mauer. Sie trennt nicht.
Wahrheit fließt. Sie ist ein Strom durch ein lebendiges Herz.

Wahrheit ist ein Weg. Sie ist eine Brücke.
Wahrheit sagen heißt über eine Brücke hinübergehen
zu anderen Menschen. Frei und gütig, „reinen Herzens".

Jesus meint damit nicht, was wir „Toleranz" nennen.
Nicht das „leben und leben lassen", das doch oft
eine Zwillingsschwester der Gleichgültigkeit ist.
Die Liebe zu Andersdenkenden, Andersglaubenden,
Andershandelnden ist etwas ganz anderes: ein Strom,
der durch das Herz gehen will und ihm Leben bringen.

Ein lebendiges Herz zu gewinnen ist heute so schwer wie je.
Wer heute die Welt ansieht, bekommt es mit der Angst.
Und durch Angst stockt die Lebendigkeit des Herzens.

Wer heute sieht, was Menschen an Menschen tun,
bekommt es mit dem Hass.
Wer sieht, wie Herrschende mit Völkern umgehen,
bekommt es mit dem Zorn und der Empörung.

Hass, Zorn und Empörung aber
blockieren das Herz und am Ende
wird das Herz an seinem Zorn sterben.

Wer heute sieht, wie die lebendige Schöpfung leidet,
wie unsere Lebensordnung ein fressendes Ungeheuer ist,
das alles Leben verschlingt, steht in Gefahr,
kein Licht mehr zu sehen.

Und doch: Wir müssen Gott schauen,
wenn wir leben wollen.
Nur wenn uns gelingt, Hass, Angst und Verzweiflung
abzulegen, bleibt uns die Kraft zu lieben
– wenn auch mit einem klagenden Herzen.

Aber vielleicht ist diese Klage,
die an die Stelle des Hasses tritt,
ein Ausdruck des reinen Herzens.

Denn klagen kann auch ein Herz, das Gott schaut.
Es wird die leidenden Menschen schauen
und zugleich den leidenden Gott.
Es soll sich nicht einschüchtern lassen,
nicht verängstigen, aber es darf klagen:
mit Gott zusammen und im Namen Gottes.

„In der Welt habt ihr Angst“, sagt Jesus.
„Die Angst hindert euch, Gott zu schauen.
Aber lasst euch den Mut nicht nehmen.
Ich habe überwunden, was euch Angst macht.“

Vielleicht führt uns
die Klage um die Schönheit der Erde
zu einem neuen Wahrnehmen ihrer Schönheit. Etwa so:

Gottes Kinder, Wind und Erde,
Wasser, Feuer, Tier und Baum.
Sternenwelt und Himmelsraum,
Gottes Rede und Gebärde,
meines Herzens Spiel und Traum!

Erde du, um die wir klagen,
Erde, tausendfach versehrt,
die noch immer trägt und nährt,
lass mich in dir Wurzel schlagen.
Mach mich deiner Liebe wert.

Wasser, Strom und Meer und Quelle,
ewig wandernd, Wolke, Fluss,
aller Kräfte Überfluss.
Eis und Regen, Ruh und Welle,
Kraft dem, der sich wandeln muss.

Feuer, Ursprung aller Welten,
Glut aus Gott, du Licht und Brand,
Licht vom Licht in unsrer Hand.
Was du zeigst, soll sein und gelten:
Wahrheit, uns von Gott gesandt.

Luft, du Kraft der Schmetterlinge,
Wind und Atem, Lied und Sang,
Stimme, du im Überschwang.
Sturm, du formst des Vogels Schwinge,
trägst auch Gottes Wort und Klang.

Gott, bewahr der Erde Segen!
Wasser, Tier und Blum und Wind
hüte gütig und gelind.
Liebe will auch mich bewegen,
deiner großen Schöpfung Kind.

Das ist das Einzige,
was in dieser Welt letztlich wichtig ist:
dass Gott in allem ist und alles in Gott.
Dass das Dunkle, Rätselvolle,
auch wenn unsere Augen es nicht sehen,
aufgelöst ist in Licht.
Dass du, Mensch, an dein Ziel kommst:
in Gott zu sein.

Ich habe Jesus gefragt: „Wohin soll ich gehen?
Hast du eine Richtung für mich? Was ist mein Ziel?"

Und ich höre ihn sagen: „Ich zeige dir dein Ziel
in Spiegelungen und Gleichnissen.
In Spiegelungen von Licht wie in strömendem Wasser,
in Hell-Dunkel-Spielen wie in Scherben von Glas.
Aber dann – dann wirst du das Licht schauen.
Das Licht, Gott selbst."

Hier erst, so scheint mir, hat es Sinn,
vom „Mut zur Zukunft“ zu sprechen.
Aber was soll nun dieser Mut tun? Wofür soll er leben?
Wir sind nicht dazu berufen,
den Untergang der Welt anzusagen,
sondern mitzuwirken bei ihrer Durchlichtung
und Wandlung, wie Gott sie wirkt
bei der Rettung der zum Untergang Verdammten.

Wer ist denn Gott?
Er ist durch keine Prognose festzulegen.
Er ist der lebendige Gott, wie die Bibel sagt,
der Gott der Wandlungen und der Neuanfänge.
Der Geist Gottes ist lebendige Kraft.
Unser Glaube nimmt ihn in Anspruch,
wie er ihm zugesagt ist.
Und unser Herz kann leben.

Wenn Gottes Liebe dein Herz durchströmt,
wirst du selbst in Bewegung geraten.
Du wirst deine Schritte zuversichtlich setzen
von heute auf morgen und auf alle Zukunft hin.

Geh also den nächsten Schritt,
nicht gleich bis ans Ende der Welt,
nur den nächsten.

Lass dich einen Träumer schelten von denen,
die sagen: „Mit beiden Füßen
muss der Mensch auf der Erde stehen."
Denn wer mit beiden Beinen auf der Erde steht,
kommt nicht vorwärts.

Wer ein Ziel erreichen will, muss unterwegs sein.
Schau also auf das Ziel hin, das dir gesteckt ist,
mit offenen Augen und geh!
Auch ins Unbegangene.
In die Weglosigkeit.
Der Weg bildet sich unter deinen Füßen.

Jesus sagt: „Denen, die in Finsternis
und Schatten des Todes wohnen, geht ein Licht auf."
Wie eine Sonne.

Von dem, der im Schatten des Todes sitzt,
kann niemand ein lebendiges Herz verlangen.
Aber Licht wird ihn treffen, sein Herz kann sich öffnen.
Leben kann von ihm ausgehen.

Niemand hat uns das Paradies auf dieser Erde versprochen.
Das Leben in dieser Welt wird immer
mit viel Tod, Leid, Schmerz und Schuld verwoben sein.
Wichtig ist aber, dass etwas von Gottes Leben
ausgeht von uns.

Weil uns Freiheit gegeben ist,
kämpfen wir für die Freiheit der anderen.
Weil Gottes Gerechtigkeit uns freundlich zugewandt ist,
kämpfen wir nicht um das eigene Recht,
sondern vor allem um das der anderen.
Wir suchen keine Sicherungen, wie sie die Angst sucht,
sondern die Hoffnung, die uns das Leben gibt.

Weil wir an den Geist Gottes glauben,
lassen wir uns zu seinen Werkzeugen bestimmen
und vertrauen dem lebendigen Leben.

Der Psalm 131 singt vom Frieden:

Mein Herz, o Gott,
will nicht Geltung, nicht Macht.
Meine Augen schauen nicht nach Ruhm
und nicht nach Reichtum aus.

Ich gehe nicht mit großen Plänen um
und nicht mit Träumen über Dinge,
die über mein Vermögen gehen.

Ich sinne nicht über Geheimnissen
und nicht über Rätseln,
die mir zu wunderbar sind.

Mein Herz ist still
und Frieden ist in meiner Seele.

Wie ein gestilltes Kind,
das bei seiner Mutter schläft,
wie ein gesättigtes Kind,
so ist meine Seele still in mir.

Ich vertraue allein dir,
heute und in Ewigkeit.

Wir bitten Gott um seinen Segen,
dass wir wie schöne Bäume stehn
in seiner Sonne, seinem Regen,
wie einst im Paradies geschehn.

Der Schöpfer aller Welt verleihe,
dass uns sein Schaffen ganz durchdringt,
dass gute Frucht an uns gedeihe
und unser Werk durch ihn gelingt.

Mit seinem Quell mög' er uns tränken,
aus dem sein Geist wie Wasser quillt,
uns mit der Liebe Kraft beschenken
– so sind wir wieder Gottes Bild.